Vicomte Oscar de Poli

NOTICE HISTORIQUE ET GÉNÉALOGIQUE

SUR

LA FAMILLE PIDOUX

(Poitou, Brie, Franche-Comté, Suisse)

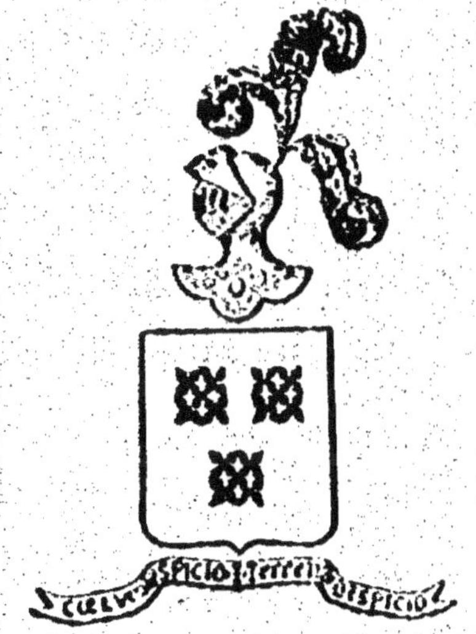

PARIS

AU CONSEIL HÉRALDIQUE DE FRANCE

45, rue des Acacias, 45

1901

VICOMTE OSCAR DE POLI

NOTICE HISTORIQUE ET GÉNÉALOGIQUE

SUR

LA FAMILLE PIDOUX

(Poitou, Brie, Franche-Comté, Suisse)

PARIS

AU CONSEIL HÉRALDIQUE DE FRANCE

45, rue des Acacias, 45

1901

LA FAMILLE PIDOUX

(Poitou, Brie. Franche-Comté, Suisse.)

L a famille Pidoux est originaire du Bas-Poitou, du château de Madouère (1). Une branche est restée dans cette région ; elle s'est éteinte au XVIIe siècle dans la famille de Vassé, après avoir possédé les seigneuries de Madouère, la Rochefaton, Perdondalle, Souzigny, le Coudray, Chillou, Laudebertie (2).

Une deuxième branche, établie à Châtellerault et à Poitiers, au début du XVIe siècle, s'est éteinte au milieu du XVIIIe; elle est connue sous le nom de Malaguet (3) et posséda les seigneuries de Malaguet, Méocq, la Goujonne, Le Verger, Le Petit Cénon, les Rocheries, Laleu, Beaumont, la Foucherie, Ardilloux, la Tousche, le Bois Vert, Pierrefitte, Nesdes, la Mouillère (4).

(1) Deux-Sèvres. Arr. de Parthenay, comm. de Louyn.
(2) Toutes ces localités sont situées dans les Deux-Sèvres, la Vendée et la Charente.
(3) Vienne, arr. de Poitiers, comm. de Migné.
(4) Ces localités sont situées dans la Vendée, les Deux-Sèvres et la Charente-Inférieure.

De la branche de Malaguet se détacha bientôt la branche de Madouère-Moisnerie établie à Poitiers, qui s'est éteinte, il y a quelques années seulement, dans la famille de Rouault, après avoir possédé les seigneuries de Madouère, Chailloux, Polyé, la Moisnerie ou l'Aumonerie, Pierrefitte, Saint-Georges, la Guillotière, Longuepierre, Teilloux, Nesdes et la Fuye Champannoise (1).

Dès le début du XVII siècle, un membre de cette branche, Valentin Pidoux, sieur de Madouère, s'établissait à Coulommiers en Brie et devenait la tige de la branche de Montanglaust, qui s'éteignit au début de ce siècle, après avoir possédé les seigneuries de Francheville, Montanglaust, la Forte Maison, Bois Tocquin, La Barre, Machault, et la Hémerie (2). Un frère de Valentin, coseigneur de Madouère, vint s'établir en Franche-Comté à Nozeroy, et y fonda une branche qui subsiste encore aujourd'hui.

La filiation de cette famille remonte au début du XV siècle, mais il convient, avant de l'étudier, de signaler d'abord quelques noms isolés, qui, d'après leurs blasons ou leurs seigneuries, semblent bien sûrement appartenir à cette famille :

En 1316, nous voyons Guillaume Pidoux faire condamner par le Châtelet, puis par la cour du Roy, le jeudi avant Noël, Renaud Leschans, sieur de Sorviller, à lui payer 140 livres parisis (3).

Le 18 janvier 1482-1483, André Pidoux vend des terres en Limousin à Pierre d'Aleyrac (4).

(1) Ces localités sont situées dans la Vienne, les Deux-Sèvres, la Charente-Inférieure et la Nièvre.
(2) Ces localités sont situées en Seine-et-Oise et en Seine-et-Marne.
(3) Coll. des textes donnés aux examens de l'École des Chartes, 1876, 2e année. Texte à analyser.
(4) Coll. de M. Couvreur, 33, rue Vineau, à Passy.

En 1565, Esther Pidoux est marraine à Saint-Porchaire de Poitiers, de même que Pierrine Pidoux le 17 juillet 1568, Fleurence Pidoux le 6 mai 1570 et le 5 août 1585 (1).

En 1583, Hélène Pidoux, femme d'Antoine Garnier, escuyer, licencié en droit, avocat à Poitiers, est marraine à Saint-Porchaire; on y baptise sa fille Hélène le 20 janvier 1584 (2).

Le 14 janvier 1589, Pierre Pidoux, écuyer, élu de Poitou, rend un jugement. A la même époque vivait Marie Pidoux, veuve de Jacob Papault (3), escuyer, sieur de Fleury, qui fait des aveux des fiefs de Fleury et des terres au Pilier, en 1579 et 1606, et est marraine à Sainte-Opportune de Poitiers en 1598 (4).

Après 1601 on trouve un Jacques Pidoux, prieur curé de Saint-Martin de Louyn (5).

En 1641, Augustin Pidoux est volontaire au Régiment de Piémont, dans la *compagnie* du capitaine de Montelan (6).

En 1680, le 1er septembre, Nicolas Pidoux, chanoine de Saint-Pierre de Poitiers, est parrain à Saint-Paul; le 25 mai 1686, sœur Charlotte Pidoux, religieuse à Mirebeau, assiste à une abjuration dans cette paroisse (7).

En 1751, René Pidoux, prêtre de la Compagnie de Jésus, meurt à Poitiers le 2 juin (8). Enfin, en 1789, François Pidoux, chevalier, marié à Rose Babin, avait une sœur, Marie-Radegonde, mariée à Joseph-Siméon de La Barre.

(1) Reg. paroiss. de St-Porchaire de Poitiers.

(2) *Ibid.*

(3) Richard, *Inventaire des Archives de la Barre, Saint-Maixent, Reversé*, 1868, 3 vol. in-8.

(4) Reg. de Ste-Opportune; le duc de la Trémoille, les fiefs de la Vicomté de Thouars; Arch. de la Vienne E.St. 833.

(5) Arch. de la Charente-Inférieure E. St 1133.

(6) B. N. Ms. français nouv. acq. 8641, p. 107.

(7) Reg. paroiss. de St-Paul et de Mirebeau.

(8) Arch. d'Aunis et Saintonge, page 25.

La filiation suivie remonte à N. Pidoux, escuyer, sieur de Jennaire, qui mourut en 1435; il avait épousé Jehanne Guischart, fille de Jehan Guischart, qui fut échevin de Poitiers (1), et qui appartenait à l'illustre famille des Guischart d'Orfeuille (2). Leur fils, Guillaume Pidoux, escuyer, sieur de Jennaire, épousa Suzanne Bigot, d'une antique famille de Poitou, célèbre surtout par Jean Bigot, le libérateur du Poitou en 1372-1374. Ce Guillaume mourut en 1469, laissant deux fils (3), Gabriel, tige de la branche de Malaguet, que nous retrouverons, et Anthoine, escuyer, sieur de la Rochefaton, qui mourut en 1502, laissant de Charlotte Laircher, Amaury Pidoux, lieutenant civil à Poitiers, sieur de Souzigny (4), et Charles Pidoux, escuyer, sieur de Madouère et de la Rochefaton, mort en 1535, marié à Perrine de Janalhac (5), et qui laissa cinq enfants :

1° René Pidoux, escuyer, sieur de la Rochefaton, qui fut déclaré noble en 1551 (et non en 1557 comme le dit le Dictionnaire des ennoblissements) et dont Denys Generoux dit dans son journal, à la date du 12 décembre 1571 : « Le mercredy XII de décembre, décéda et fut enterré à Lonmaye (Lhoumois) René Pidoux, escuyer, sieur de la Rochefaton, riche et opulent tant en immeubles qu'en meubles » (6);

2° Guillaume Pidoux, escuyer, sieur de Madouère, qui eut de Bonaventure Dorineau un fils, François (7);

(1) Bibl. nationale, Dossiers bleus, n° 522.

(2) Éteinte en 1822 dans la famille de Maussabré.

(3) B. N. Doss. bleus, n° 522.

(4) Arch. de la ville de Poitiers — Le duc et de la Trémoille, fiefs de la vicomté de Thouars.

(5) B. N. Doss. bleus, n° 522.

(6) *Ibid.* Dict. des Ennoblissements, Paris 1788, p. 155; Richard, Archives de la Barre, *loc. cit.* — Journal de Denys Generoux, publié à Niort. — Archives nationales, Trésor des Chartes, *ad ann.* 1551.

(7) B. N. Doss. bleus, n° 522. — Beauchet Filleau et de Chergé, Nob. de Poitou, 2e édition, article Dorineau.

3° Jacques Pidoux, escuyer, sieur du Coudray, qui épousa Léonne Cossin, fille du lieutenant-général du bailli de Gastine, puis Jeanne du Faud (1), et laissa de sa première femme René Pidoux, qui remplaça le 18 octobre 1502 Pierre de Léon, sieur de la Cave, comme conseiller lay au parlement de Paris (il fut installé le 10 mars 1503) (2), et un autre fils, Jacques Pidoux, que nous voyons rendre aveu du fief de Chillou, le 27 décembre 1599; il eut de Marguerite d'Ausseure un fils, Octavien, qui rendit aveu du même fief le 3 février 1588; à son tour, le fils de celui-ci en fit aveu le 27 octobre 1625. Il mourut peu après, car, dès le 22 octobre 1628, un autre aveu était fait par sa fille, Marguerite Pidoux, dame de Bonnevault et de Souzigny, femme de Jacques de Cantineau, escuyer, sieur de la Cantinière (3);

4° Marguerite Pidoux, mariée à Joachim de Tudert, escuyer, morte avant 1606 (4);

5° Et enfin Mathurin Pidoux, chevalier, sieur de Perdondalle et de la Rochefaton. Sa femme, Guillemette Le Mastin, appartenait à une antique famille que les luttes des Guelfes et des Gibelins avaient dépouillée de la principauté de Vérone et chassée d'Italie; ils eurent Lancelot Pidoux, qui continua la famille; d'un premier mariage avec Marie Cossin, Mathurin laissa Mathurine Pidoux, mariée à Olivier, Chapelain, escuyer, sieur de Perdondalle et de Souzigny, qui se fit un nom dans les luttes de religion (5).

(1) B. N. Dossiers bleus, n° 522. — Beauchet, *op. cit.* (art. Cossin). Arch. de la Vienne, fonds nouveau, n° 299.

(2) B. N. Doss. bleus, n° 522, et ms. franç. 32.140.

(3) Le duc de la Trémoille. Fiefs de la vicomté de Thouars. — Beauchet-Filleau, *op. cit.* II, 116.

(4) D'Hozier, édition de 1738, article de Tudert.

(5) B. N., Doss. bleus, n° 522. — Beauchet, *op. cit.*, article Chapelain.

Lancelot Pidoux, escuyer, sieur de la Rochefaton et du Coudray, mourut entre 1606 et 1608 ; il fait aveu de la terre de Laigue en 1606 ; il avait épousé Isabel de Tudert, fille de Claude de Tudert, conseiller au parlement de Paris, nièce à la mode de Bourgogne de Mathieu Molé et tante du chancelier Séguier ; elle était encore vivante en 1617 (1).

De ce mariage naquirent huit enfants :

Le plus fameux fut René Pidoux, prêtre, abbé du Bois Groland et de Notre-Dame de la Valence, conseiller clerc au parlement de Paris, nommé en 1611 chanoine de Paris, en remplacement de Denys Hennequin, aumônier ordinaire du Roy, titulaire de Saint-Paul-de-Parthenay, coseigneur de la Rochefaton ; il habitait au cloître Notre-Dame à Paris, fit son testament le 18 septembre 1622 et mourut dans sa maison noble de Laudebertie le 11 novembre 1643 (2).

Quatre sœurs furent mariées : Marie, à Charles de la Corbière, chevalier, sieur de la Besnichère, dont le petit-fils jura le quartier Pidoux à l'ordre de Malte le 28 juin 1609 (3) ; Renée, à René Leclerc, escuyer, sieur de Goulaines, puis à François de Brilhac, escuyer, conseiller au présidial de Poitiers (4) ; une autre Renée, à Charles Chauvin, escuyer, sieur de Treil Portault (5), et enfin Jehanne, à Jean de Tudert, escuyer, sieur de la Chapelle de Chouppes, son cousin-germain (6).

(1) B. N., Pièces originales, 2,279. — Le duc de la Trémoille, *loc. cit.* ; d'Hozier, *loc. cit.*

(2) Arch. de la Vienne, F. nouveau 299. B. N. Doss. bl. 522, et Pièces Orig. 2279.

(3) B. N., Doss. bl. 522. Carrés d'Hozier 494.

(4) Beauchet-Filleau, 2ᵉ édⁿ. I. 474.

(5) Beauchet-Filleau, 1ʳᵉ édⁿ. II, 369, et 2ᵉ édⁿ. I. 717.

(6) B. N., Doss. bl. 522, et d'Hozier *op. cit.* article de Tudert.

Trois fils laissèrent postérité : René, escuyer, sieur de Laudebertie, marié à Catherine Doucet, qui eut un fils, René (1); Pierre, sieur de la Rochefaton, mort avant 1578, laissant des enfants mineurs, parmi lesquels Lucrèce, femme de Philibert Polyer, escuyer, sieur de la Perrotière, puis de François Gruget, escuyer, trésorier de France à Poitiers (2) ; elle mourut le 11 février 1637 et fut inhumée dans la chapelle de sa famille à Saint-Porchaire de Poitiers.

L'aîné enfin, Jean Pidoux, escuyer, sieur de la Rochefaton, épousa une demoiselle de la Porte du Porc de Vezins, morte avant le 28 août 1638 (3). Leur fils, François, mourut sans alliance en 1651, et leurs filles Marie et Isabel épousèrent, l'une Pierre de Nesrat, chevalier, sieur de Guiber, et l'autre, René de Vassé, escuyer, sieur de Chastillon, Ponceville et Villar ; ce dernier mariage célébré le 23 avril 1640, porta la terre de la Rochefaton dans la famille de Vassé, qui subsiste encore aujourd'hui (4).

II

Le second fils de Guillaume Pidoux et de Suzanne Bigot, Gabriel Pidoux, mourut avant l'an 1491 et fut la souche de la branche de Malaguet ; sa femme, Catherine Michelle, déjà veuve, figure au ban de noblesse en 1491 ; ses biens furent partagés en 1497 ; l'aîné seul des enfants, Pierre, y est nommé ; parmi les autres étaient Jean Pidoux, mort avant 1508, où Jeanne Caquille, sa veuve, rend hommage

(1) B. N., Doss. bleus, 522.

(2) Richard, Archives de la Barre, *loc. cit.* ; reg. de Saint-Porchaire de Poitiers, 21 janvier 1583 et 11 février 1637.

(3) Arch. de la Vienne, fonds nouveau 289.

(4) Preuves des pages de la Petite Écurie (B. N.) Tome IV, p. 44; d'Hozier, 1738, art. de Vassé, et Arch. de la Vienne, A. 24.

le 15 mai, du fief de Beaumont, et Jean, chanoine de la cathédrale de Poitiers en 1526 (1).

Pierre Pidoux, escuyer, sieur de la Fouchière et de Beaumont, laissa trois enfants, de Gillette Abbaneau ; ses biens furent partagés le 13 avril 1508. Mathurin, l'un des fils, fut sieur de Beaumont et devint audiencier en la chancellerie du présidial de Poitiers ; il laissa de Claire Aubert une fille, Nicole, mariée à Loys Ireland, escuyer, sieur de Beaumont, de la fameuse famille de ce nom ; la fille, Mathurine Pidoux, était déjà morte lors du partage, et ses enfants mineurs y furent représentés par leur père, noble Loys Porcheron (2).

Le fils aîné, Gabriel Pidoux, escuyer, sieur de la Fouchière et de Pierrefitte, procureur fiscal en la sénéchaussée de Saint-Loup, épousa Marie Fradin ; ses enfants se partagèrent ses biens, le 17 décembre 1561 ; c'étaient : Pierre Pidoux, sieur de Nesdes, auteur d'un curieux volume intitulé : « La fleur de toute cuysine, ou l'art d'accommoder toutes viandes, tant chair que poisson », publié à Paris, chez Alain Lotrian, en 1543 ; Jean et Mathurin, qui moururent sans postérité ; François, tige de la branche de Madouère-Moisnerie, que nous retrouverons ; Hélène, morte avant le partage, où son mari, noble Nicolas Byot, représenta leurs enfants mineurs (3), et enfin, l'aîné.

Pierre Pidoux, escuyer, s^r de Malaguet, Laleu et Méocq, marié à Jehanne-Suzanne Guivreau, dame d'Aillé ; il mourut avant 1605 ; il fut le premier qui fut honoré de la charge de consul des marchands de Poitiers, créée en 1566,

<hr>

(1) Bans de Poitou (Poitiers, 1667.) B. N. Nouveau d'Hozier 265. Le duc de la Trémoille, Fiefs de Thouars, et archives de la ville de Poitiers.

(2) B. N. Nouv. d'Hozier, 265. Beauchet, *op. cit.* article Aubert. Généal. de la Maison d'Ireland (Paris, Simon, 1789, in-8°.)

(3) B. N. Nouveau d'Hozier, 265, et Pièces originales, 2270.

fut maire de la ville en 1575, et laissa cinq enfants : Marie, femme de Pierre Lambert, escuyer, s' de la Grange ; Gabrielle ; André, escuyer s' de Malaguet, conseiller du Roy et élu de Poitou ; René, conseiller du Roy, escuyer, s' de Méocq, juge et lieutenant particulier assesseur au présidial de Poitiers (1), et le suivant.

Pierre Pidoux, chevalier, s' de Malaguet, Laleu, Méocq, pair et échevin de la ville de Poitiers, maire de cette ville en 1598 et 1613, chevalier de l'ordre de Saint-Michel le 6 janvier 1616, capitaine de la ville de Poitiers. Il se distingua par son attachement à la Ligue et son ardeur contre le parti protestant, lors des événements de la minorité de Louis XIII. Il tint tête aux Huguenots, dont les chefs étaient les Sainte-Marthe, et au gouverneur du Poitou, Sully, et son dévouement à la cause catholique et royaliste était si connu que Louis XIII l'imposa comme maire à la ville de Poitiers en 1613, et, trois ans après, le remplaça par son neveu Pierre Lambert, s' de la Grange, puis par son fils Jean Pidoux, en 1618. Il mourut en 1635, le 6 mars, âgé de 85 ans ; son épitaphe se voit au musée de Poitiers. Sa femme, Marguerite Duvel, lui survécut de quelques années (2). Huit enfants naquirent de cette union :

1° Jean Pidoux, escuyer, s' de Malaguet, fut baptisé le 26 octobre 1575 à Saint-Didier de Poitiers ; sa marraine fut Jeanne de Bourbon Condé, abbesse de Sainte-Croix de Poitiers. Lieutenant particulier et assesseur civil au présidial de Poitiers, il épousa Magdeleine de la Porte du Porc de Vezins, dont il eut Pierre et Magdeleine, morts

---

(1) De la Trémoille, Fiefs de Thouars ; B. N. Nouveau d'Hozier 265, Cabinet d'Hozier 28 ; Hist. de Poitiers depuis la Ligue jusqu'en 1628 par Ouvré (Poitiers 1856, in-8. B. N., Pièces orig. 2279, et reg. par. de Saint-Didier de Poitiers et de Saint-Porchaire de Poitiers.

(2) B. N., fr., ms. 32873. — Etat du Poitou sous Louis XIV. (Fontenay, 1865, p. 333), et Ouvré, Hist. de Poitiers, loc. cit.

sans postérité, un autre fils, jésuite, et Jean, chanoine de la collégiale Notre-Dame la Grande de Poitiers. Maire de Poitiers en 1618, il fit faire le curieux tableau du siège de Poitiers en 1569 qui est conservé au musée de cette ville : pair et échevin de Poitiers, il présenta les clefs de la ville au roi Louis XIV le 21 juillet 1650. Devenu veuf, il entra dans les ordres, devint chanoine, puis sous-chantre et enfin doyen du chapitre de Saint-Hylaire-le-Grand à Poitiers ; il fut inhumé aux Feuillants de Poitiers le 28 janvier 1656 (1).

2° Pierre, sr de la Mouillère, né en 1576 ;

3° N., escuyer, sr de la Goujonne, lieutenant d'infanterie, tué en guerre.

4° N., lieutenant particulier au bailliage et présidial de Poitiers, marié à N. de Reveaux de Pictigny.

5° François, escuyer, pair et échevin de Poitiers.

6° Fleurence, mariée à Pierre Rougier, escuyer, sr de l'Isle-Bertin, veuve en 1652 (2).

7° René Pidoux, escuyer, lieutenant civil au siège de Châtellerault, baptisé à Saint-Didier de Poitiers le 10 octobre 1581, marié le 10 septembre 1605 à Marie Pastureau, le 15 mars 1625 à Jeanne Allard, et le 5 juillet 1646 à Marie Philippon ; il fut maintenu noble en 1667 (3). C'est de lui que La Fontaine, son cousin, a tracé ce charmant portrait, en 1663 (4) : « Je trouvai à Châtellerault un Pidoux dont

(1) Reg. par. de Saint-Didier de Poitiers ; reg. de Saint-Hylaire-le-Grand de Poitiers, arch. hist. du Poitou. Tables de dom Fonteneau, p. 442.

(2) B. N. Cab. d'Hozier 268, et Réformation des bois et forêts de S. M. (Poitiers, 1667, in-4°).

(3) B. N. Cab. d'Hozier 268 ; Etat du Poitou, *loc. cit* p. 340, et Arch. de la Vienne, fonds nouveau 663.

(4) Lettres, 19 septembre 1663.

notre hôte avoit épousé la belle-sœur. Tous les Pidoux ont du nez et abondamment. On nous assura de plus qu'ils vivoient longtemps et que la mort qui est un accident si commun chez les autres hommes passoit pour un prodige parmi ceux de cette lignée. Je serois merveilleusement curieux que la chose fût véritable. Quoi que ce soit, mon parent de Châtellerault demeure onze heures à cheval sans s'incommoder, bien qu'il passe 80 ans. Ce qu'il a de particulier et que ses parents de Château-Thierry n'ont pas, il aime la chasse et la paume, sait l'Écriture et compose des livres de controverse. Au reste, l'homme le plus gai que vous ayiez vu et qui songe le moins aux affaires excepté celles de son plaisir. Je crois qu'il s'est marié plusieurs fois ; la femme qu'il a maintenant est bien faite et a certainement du mérite. Je lui sais bon gré d'une chose, c'est qu'elle cajole son mari et vit avec lui comme s'il étoit son galant ; et je sais bon gré d'une chose à son mari, c'est qu'il lui fait encore des enfants. Il y a ainsi d'heureuses vieillesses à qui les plaisirs, l'amour et les grâces tiennent compagnie jusqu'au bout. Il n'y en a guère, mais il y en a, et celle-ci en est une. »

Le héros de ce portrait eut cinq enfants : René, escuyer, sieur du Verger, lieutenant particulier à Châtellerault, marié à Jeanne Maisonnière ; Pierre, seigneur du Petit Cénon et de la Goujonne, marié à Françoise Jousseaume, puis à Magdeleine Tondereau, et enfin à Marie Rousseau de Louchard, mort en 1730 et inhumé dans la chapelle de sa famille à Saint-Paul de Poitiers ; Marie-Louise, mariée à Hardouin Beraudin, escuyer, conseiller du roy et assesseur civil au présidial de Châtellerault ; Jeanne, née en 1664, mariée à Louis Poitevin, escuyer, sieur de Boidais, et de Beauregard ; et enfin Catherine, mariée le 23 novembre 1690 à Pierre de Laurière, chevalier, sieur des Bourdinières, morte le 21 janvier 1719 (1).

8° Jean Pidoux, escuyer, sieur de Malaguet, avocat en parlement ; le 29 décembre 1599 son père acheta pour lui, moyennant 4500 écus, la charge de conseiller au parlement de Bretagne de Ph. Rousseau, escuyer, sieur de la Cave ; le 31 décembre 1601, il épousa Françoise Bouhier, nièce de Vincent Bouhier de Beaumarchais, capitaine des tentes et pavillons du roi, trésorier de l'épargne et conseiller au conseil privé. Leurs enfants se partagèrent une succession en février 1656 (2). C'étaient : Jean Pidoux, prêtre, abbé de Notre-Dame des Fontenelles, qui releva cette abbaye ruinée par les Huguenots ; François Pidoux, bachelier en théologie, prieur de Sainte-Néomaye, proto-notaire apostolique, chanoine de la cathédrale de Poitiers, aumônier du roi Louis XIV, né en 1614 ; Siméon, né en 1612, Marie, née en 1619, Louis, né en 1617, Renée, née en 1620 (3) et enfin :

Pierre Pidoux, escuyer, s^r de Malaguet, conseiller du roi, lieutenant-général en la Sénéchaussée de Châtelle-rault, maire de cette ville de 1643 à 1651, mort avant le 26 août 1662 où sa charge de lieutenant-général fut vendue 53,000 livres à Claude Fumé. Il laissa cinq enfants de Magdeleine Maisonnière : Marguerite, dame des Ardil-loux, de la Touche et du Bois Vert, mariée en 1662 à Pierre de Brilhac, escuyer, sieur du Parc, puis le 29 juin 1687 à René-Jean Reneau, lieutenant particulier et asses-

---

(1) B. N. Cab. d'Hozier, 268 ; d'Hozier, Armorial Général, à la B. N. (art. Tondereau et Maisonnière) ; Reg. de Saint-Paul et de Saint-Porchaire de Poitiers ; B. N. Pièces orig. 2279, et Carré de Busserole, Armorial de Châtellerault.

(2) B. N. Cab. d'Hozier 268, et R. Vallette : *Un Confident de Henry IV dans le Bas-Poitou, Vincent Bouhier de Beaumarchais.* (Nantes, 1887, in-8.)

(3) B. N. Cab. d'Hozier 268, et Reg. de Saint-Porchaire de Poitiers.

seur civil au présidial de Poitiers ; Pierre, sieur de la Goujonne ; François, sieur des Rocheries, mort sans postérité, Geneviève, religieuse de Sainte-Croix de Poitiers (1) ; et le suivant :

Joseph Pidoux, escuyer, sieur de Malaguet, né entre 1641 et 1645, mort le 2 mai 1705 et inhumé à Saint-Paul de Poitiers. Il laissa de Catherine Ireland de Lavaux (1644-1726), qu'il avait épousée en 1668, cinq enfants : René, prêtre, chapelain de Saint-Pierre d'Antogné ; dom Charles Pidoux, prêtre, bénédictin de l'abbaye de Montierneuf, prieur de Saint-Nicolas de la Rochefaton, Saint-Martin du Fouilloux, Saint-Simon et Saint-Jude de la Faye Montjaut, député mais non agréé à la Chambre ecclésiastique de Poitiers ; Marie-Radegonde, mariée le 9 septembre 1697 à Isaïe Du Chesne, escuyer, sieur de Saint-Léger ; Geneviève, mariée le 18 septembre 1695 à Antonin Richard, escuyer, sieur de Tour au Paulmi et de la Jarrige (2) ; et le suivant :

Joseph Pidoux, escuyer, sieur de Malaguet, marié le 28 février 1700 à Gilberte de la Cour, mort le 13 août 1726 (3 ; leur fils Louis-César Pidoux, escuyer, sieur de Malaguet, maréchal-des-logis dans les Mousquetaires noirs du Roy, marié à Jeanne Thomas de la Caillerie, mourut sans postérité avant 1760 ; sa femme jouissait d'une pension de 602 livres 5 sols sur le trésor royal et vivait encore en 1780 (4). Avec lui s'éteignit la branche de Malaguet.

(1) Dom Béthencourt, Noms féodaux II, 747. — B. N. Cab. d'Hozier 268, et pièces originales 2279.

(2) Reg. par. de Saint-Paul de Poitiers. B. N. (imp., Ff° 13173, 74 et 75, et 7968 et 69). Arch. hist. du Poitou, XXIII, 228. Richard, archives de la Barre (loc. cit.), et d'Hozier, 1738, art. Du Chesne.

(3) Reg. par. de Saint-Paul de Poitiers, et B. N. Cab. d'Hozier 268.

(4) Archives du Ministère de la Guerre, à Paris.

III

François Pidoux, escuyer, sieur de Madouère, l'un des fils de Gabriel Pidoux et de Marie Fradin, se fit un nom en médecine ; il devint doyen de la faculté de Poitiers et médecin ordinaire du roi Henry II ; il mourut en 1577 ; sa femme, Catherine Le Maistre, habitait encore Poitiers en 1606. Ils eurent quatre enfants (1) :

Pierre Pidoux, escuyer, sieur de Nesdes, fut le seul membre de la famille qui tomba dans l'hérésie calviniste, mais il fut aussi ardent huguenot que les autres étaient ardents ligueurs. Capitaine de carabiniers à cheval en 1580, il devient Mestre de Camp en 1588 ; en 1589, le 7 janvier, il est à l'Assemblée des Nobles huguenots tenue à Fontenay ; gouverneur de Chauvigny en 1591, il est l'année suivante au siège de Chatellerault ; dans une lettre de 1598 Henry IV appelle son corps le régiment de Nesdes.

Le 3 juillet 1596. « Pierre Pidoux, escuyer, sʳ de Nesde, gouverneur pour le Roy es ville et chasteau de Chauvigné et seigneur du fief qui fut à Guillaume Ollyvier, appellé Mygalland », rend hommage pour ce fief à « Dame Marie de Lannoy, femme de hault et puissant Messire Odet de la Noüe, seigneur dud. lieu, le Chastellier, Monstreuil Bonnin et Chavannes, chevalier de l'Ordre du Roy et Gentilhomme ordinaire de sa Chambre, conseiller de sa Majesté en ses conseils d'estat et privé, cappitaine de cinquante hommes d'armes de ses Ordonnances (2). »

Envoyé à Genève en 1602, par le Roi, pour conduire la guerre de Genève contre le duc de Savoie, il fut tué dans une embuscade près de Saint-Gemar en avril 1603, et inhumé à Saint-Pierre-de-Genève. Sa femme, Françoise

(1) Dreux du Radier, *Bibl. hist. du Poitou* et B.N. Nouveau d'Hozier 265.
(2) Archives Nationales, M. 494, coté 4, orig. en parchemin.

Chevalier, dont il n'eut pas d'enfants, habitait la maison noble de Nesdes, paroisse de Saint-Cyr en Poitou (1).

2° Catherine Pidoux, qui épousa Olivier Fouin, écuyer, sieur des Rouardières, morte avant le 11 juin 1693 (2) qu'eut lieu le partage des biens de son frère Pierre.

3° Jean Pidoux, que nous retrouverons tige du rameau de Madouère-Moisnerie.

4° Charles Pidoux, escuyer, sieur de Chailloux, lieutenant général de Civray, né en 1559, mort le 25 avril 1624. Il fut inhumé avec sa femme à Saint-Nicolas-de-Civray. C'était un bibliophile distingué ; il composa « La vie de madame saincte Radegonde, jadis reyne de France et fondatrice du royal monastère de Sainte-Croix de Poitiers », imprimée à Poitiers, chez Mesnier, en 1621 ; il est aussi l'auteur de la vie de la même Sainte qui parut dans les Fleurs de la vie des Saints. De sa femme, Marguerite Bouffard (1560-1623), il ne laissa que deux filles, Henrye Pidoux, mariée à Guillaume Razin, chevalier, sieur de la Verdonnière, puis à Charles de Barbezières, chevalier, sieur de la Saudière, et Gabrielle, mariée le 11 novembre 1617 à Jacques Fradin, escuyer, lieutenant particulier au siège de Civray, et deux fils, Charles, qui mourut sans postérité, et Claude, escuyer, sieur de Nesdes et de Chailloux, capitaine au régiment de Poitou, marié en 1625 à Marguerite Richier, dont il laissa Jacques Pidoux de Nesdes, qui devint, en 1607, prieur claustral de Saint-Maixent, Gabrielle, née en 1626, mariée à Jacques Fradin, escuyer, lieutenant particulier au bailliage de Civray (3), et Claude Pidoux,

(1) B. N. Nouveau d'Hozier, 265. Hag., *France protestante*, Lettres de Henry IV, tome IV.

(2) B. N. Nouveau d'Hozier, 265.

(3) Reg. paroissial de Saint-Nicolas-de-Civray. Beauchet, *op. cit.* 2ᵉ édⁿ, I, 127. B. N. Pièces Orig. 2279. Dreux du Radier, *op. cit.*, et Journal de le Riche (Saint-Maixent, 1848, in-8°, p. 523.)

escuyer, sieur de Nesdes et de Chailloux, marié le 24 novembre 1654 à Louise-Anne de Liniers, d'une vieille famille Poitevine connue avec illustration dès le XIVe siècle ; ils laissèrent trois filles, Marie, Marguerite, et Marie-Anne-Louise († 1707) mariée à Charles le Bault, escuyer, sieur de Peux, et deux fils, Pierre et Charles. Ce dernier, qui se fit inscrire en 1698 à l'Armorial général de France, (B. N. Registre de Poitou), laissa de Catherine Garnier de Courmorand, qu'il avait épousée le 24 juin 1681, un fils, Charles, marié à Marthe Bernier, qui mourut avant 1769, ne laissant que deux filles, Rose-Eulalie Pidoux, mariée le 16 avril 1769 à Auguste Lemouzein, sieur de Gressan, chevalier de Saint-Louis, et Marie-Sophie-Ursule Pidoux, morte avant 1772, mariée à Alexis de Bosquevert, chevalier, sieur de Bois-des-Prés.

IV

Mais le plus connu des enfants de François Pidoux et de Catherine Le Maistre fut l'aîné, Jean Pidoux, escuyer, sieur de Pierrefitte, Teilloux et Chailloux ; médecin comme son père, il accompagna Henry III en Pologne en 1571, devint doyen de la faculté de Poitiers (1594), un des quatre agrégés de la faculté de Paris (1583), médecin de Henry IV (1589), puis du duc de Nevers. C'est à lui que l'on doit l'introduction de l'usage de la douche en médecine et la découverte des eaux de Pougues. Scévole de Sainte-Marthe et Paul Contant firent des vers en son honneur ; lui-même laissa quelques poésies et surtout des ouvrages de médecine, parmi lesquels (1) « De febrium sede », publié en 1596 et 1597, « Pestis cura et polychresti descriptio » (1605), « Febrium omnium

(1) Dreux du Radier, *op. cit.* III, 173 ; B. N. Nouveau d'Hozier, 255.

an solac putridae purgationem admittunt » (1588), « Vertu et usage des fontaines de Pougues » (1597. C'est aussi lui qui découvrit le Polychreste de Poitiers, antidote contre la peste, supérieur à la thériaque parce qu'il ne contenait pas d'opium, et qui demeura en honneur jusqu'au siècle dernier. Jean Pidoux mourut le 25 août 1610. Sa femme lui survécut quelques années ; c'était Françoise Bobé, fille de Simon Bobé, bailli de Coulommiers, et petite-fille du célèbre jurisconsulte Charles du Moulin.

De ce mariage naquirent cinq enfants :

Valentin, tige de la branche de Brie, — et Louis, tige de celle de Franche-Comté.

Jeanne, mariée le 26 août 1610 à Léon de Pignonneau, escuyer ; Françoise, mariée à Loys de Jouy, puis à Charles de la Fontaine, maître général des Eaux et Forêts à Château-Thierry, qui fut la mère de notre grand fabuliste (1) ; elle était née au château de Montanglaust (Coulommiers), le 14 octobre 1582 (2) ; François Pidoux, escuyer, sieur de Polyé, né en 1581, docteur en médecine à Poitiers en 1609, sous-doyen de la faculté en 1634, doyen en 1652, recteur de l'Université de Poitiers en 1625, maire de Poitiers en 1631 ; il entra au collège des pairs de la ville le 13 août 1634. M. Jablonski le prend vivement à partie dans son histoire de la faculté de médecine de Poitiers ; c'est que François Pidoux était un catholique militant qui signala son décanat en faisant interdire par la faculté l'exercice de la médecine aux huguenots. Il soutint des polémiques violentes contre l'avocat Gabriel Duval, au sujet de la possession des Ursulines de Loudun ; il publia à ce sujet

(1) Né à Château-Thierry le 21 juillet 1621.

(2) B. N. Nouveau d'Hozier, 255, reg. par. de Saint-Paul de Poitiers. Arch. de Seine-et-Marne, GG. 1, et GG. 32, et reg. par. de Saint-Denys de Coulommiers.

deux brochures où il soutint nettement la théorie du surnaturel dans cette affaire. On lui doit aussi un petit traité sur la fièvre pourprée (1656) qu'il avait combattue avec grand dévouement lors de l'épidémie de 1651. Il mourut le 7 septembre 1662 et fut inhumé à Saint-Paul-de-Poitiers, dans la chapelle de sa famille, qui était dédiée à Sainte Magdeleine. Il laissa neuf enfants de son mariage avec Catherine Pélisson : Hylaire, Jean, François et Pierre qui moururent sans postérité; Élisabeth, mariée le 27 décembre 1649 à Joseph Mayaud, escuyer, sieur des Groges, juge magistrat au présidial de Poitiers ; Marie, mariée avant 1641 à Bonaventure Ireland, escuyer, sieur de la Mirestière, conseiller au présidial de Poitiers; René, prêtre, chanoine de la cathédrale de Poitiers ; Nicolas, né en 1622, chanoine de la même église, exilé en 1651, par lettres de cachet, à la suite de démêlés avec l'évêque au sujet des privilèges du chapitre, mort le 8 septembre 1671 (1) ; et, enfin, Charles Pidoux, escuyer, sieur de Polyé, marié le 28 juillet 1655 à Louise de Lauzon. Cette dame était cousine-germaine de la mère du P. Malebranche. Charles était mort avant 1689 ; sa femme fit inscrire son blason à l'Armorial général en 1698 (2) ; ils eurent huit enfants : un fils, lieutenant d'infanterie tué au service ; Jean-Pierre Pidoux, chanoine, sous-chantre de la collégiale Notre-Dame la Grande de Poitiers, qui fut parrain de la grosse cloche de cette église le 17 décembre 1732, et se fit inscrire au susdit Armorial en 1698 (3) ; Catherine-Isabelle, née

(1) Dreux du Radier, *op. cit.*, IV, 62. B. N. Nouveau d'Hozier, 265, et Pièces orig., 2279. Legué. Urbain Grandier et la possession des Ursulines de Loudun. Jablonski. *Histoire de la Faculté de médecine de Poitiers.* B. N., Dossiers bleus, 522.

(2) B. N. Mss. Généralité de Poitiers, 858.

(3) Reg. par. et Etat du Poitou sous Louis XIV, *loc. cit.*, et B. N. Cabinet d'Hozier, 263.

en 1656, encore vivante sans alliance en 1731 : Élisabeth Pidoux, religieuse de Sainte-Croix de Poitiers, encore vivante en 1731 ; Jean-Charles, marié à Marie-Anne Bernard, dont il eut en 1727 une fille, Marie-Charlotte ; Marie-Angélique, née en 1668, mariée le 12 septembre 1689 à Estienne Constant, escuyer, sieur de Gauterie, morte le 25 décembre 1736 ; Pierre-Jean, bénédictin, infirmier de l'abbaye de Montierneuf (1), et enfin François-Nicolas Pidoux, escuyer, sieur de Polyé, la Moisnerie, la Fuye-Champannoise, président au présidial de Poitiers, marié à Françoise Dousset, dont il eut cinq enfants, parmi lesquels : Charles, escuyer, sieur de la Moisnerie, mort sans alliance après 1736 ; Catherine née en 1699, mariée le 10 février 1721 à Charles-Auguste de Saint-Gelays de Lusignan, marquis de Lusignan-Séligny, morte à Niort, grande rue Saint-Jean, en 1776 ; et Pierre-Hylaire Pidoux, chevalier, sieur de Longuepierre, Polyé, Saint-Georges et la Guillotière, né en 1689, marié à Suzanne-Henriette d'Aitz de Mesmy, dont il eut quatre enfants : Suzanne, mariée le 1er février 1748 à Charles-Henry Foucher, chevalier de Saint-Lazare, capitaine de deux cents chevau-légers de la Garde du Roy ; Marie-Jeanne, mariée à Jean-Louis d'Orfeuille, chevalier, sieur de Tourtron, Saint-Georges, Lisleau et autres lieux, encore vivante en 1781 ; Louise-Henriette, mariée le 5 février 1742 à Charles-Alexis le Bœuf, chevalier, sieur de la Bonnière, puis, le 5 janvier 1763, à François Breté, escuyer, sieur de Guibretière (2), et un fils, Charles-Gabriel, escuyer, sieur de

---

(1) Reg. par. de Saint-Paul de Poitiers, Arch. de la Vienne, fonds nouveaux, 1689. Reg. de Saint-Porchaire de Poitiers, et Arch. de la Vienne, II.

(2) Dom Béthencourt, *op. cit.*, II, 747 ; B.N. Cab. d'Hozier, 263 ; État du Poitou, *loc. cit.*, p. 367 ; Reg. de St-Porchaire de Poitiers ; Arch. des Deux-Sèvres, E, 825, et de la Vienne, fonds nouveaux, 1689 ; et Richard, Archives de la Barre, *loc. cit.*

la Moisnerie, marié, en 1757, à Marie-Marguerite de Gaalon; il habitait Saint-Sauveur, près Lusignan, siégea à l'assemblée des nobles de Poitou en 1789, et émigra le 14 novembre 1792 (1). L'un de ses fils, Siméon-Jude de Pidoux de la Moisnerie, mourut le 16 août 1854 au château de la Cousdrelle (paroisse d'Aubigny) à l'âge de 83 ans; l'autre, Charles-Honoré Pidoux de la Moisnerie, mourut à l'âge de 87 ans le 22 décembre 1850 au château de la Moisnerie, laissant de Charlotte-Aimée des Roches de Chassay une fille, morte sans alliance, et un fils, Charles-Alexis, né le 11 juin 1803, marié le 11 juin 1833 à Céleste-Victoire de Morin. Cette branche de la famille était encore représentée alors, en outre, par MM. Isidore et Jules et Mlle Honorine de Pidoux, cousins de M. Charles-Alexis de Pidoux. Elle s'est éteinte dans la personne de la fille unique de celui-ci, Mme Marie-Victoire de Pidoux de la Moisnerie, née le 28 mai 1835, mariée le 28 janvier 1863 à M. Louis-Alfred de Rouault.

V

Nous avons vu que Jean Pidoux, médecin du roi Henry III, avait épousé Françoise Bobé, originaire de Brie; cette alliance amena l'établissement dans ce pays d'une branche de la famille Pidoux. Un des fils de ce mariage, Valentin Pidoux, escuyer, licencié ès lois, s^r de Madouère, avocat au Parlement, hérita la charge de bailli de Coulommiers de son grand-père, Simon Bobé. Il fut maintenu noble par arrêt de la Cour des Aides du 20 août 1630 et par arrêt du Conseil d'État du 5 juin 1642. Il avait épousé Magdeleine Falaize, dont il eut sept enfants : Louis, François,

<hr>

(1) Liste des émigrés, et Richard, *Archives de la Barre*, *loc. cit.*

Jean, Magdeleine, Henry, qui combattit en 1645 comme volontaire contre le Turc, et Henry, baptisé à Faremoutiers, le 30 octobre 1632. Il eut pour parrain Henry d'Orléans, duc de Longueville, et pour marraine Anne de Gonzague, princesse de Mantoue. Il épousa, le 19 août 1660, Marthe Lefort, fille d'un officier de la maison du Duc d'Orléans et nièce de Philippe du Bois, professeur d'éloquence grecque à l'Université de Paris. Il fut maintenu en noblesse par jugement du 26 octobre 1667 ; sa veuve le fit inscrire à l'Armorial général en 1698 ; il figura aux bans de noblesse de 1689, 94 et 97. Il laissa cinq enfants (1).

L'un d'eux joua un rôle assez important dans le clergé de France au début du XVIIIe siècle ; c'était Valentin Pidoux, né et baptisé à Saint-Denys de Coulommiers, le 9 août 1661 ; chanoine et grand-chantre de Meaux, il devint vicaire général de Bossuet ; son rôle fut assez effacé jusqu'à la mort de celui-ci, mais, pendant la vacance du siège qui suivit la mort de Bossuet, et pendant les premières années de l'épiscopat de Mgr de Bissy, Valentin Pidoux joua un rôle prépondérant et fut le champion des droits du chapitre contre les prétentions de l'évêque. Syndic des curés de Brie, maintenu vicaire général par le nouvel évêque, il prit une part active à l'administration du diocèse et à la réformation des livres liturgiques. Élu doyen du chapitre, malgré l'évêque, le 20 août 1705, il ne reçut ses bulles que le 17 janvier et ne fut installé que le 7 février suivant, à cause du mauvais vouloir de l'évêque. L'abbé Ledieu, dans ses mémoires sur la vie de Bossuet, rapporte une foule de curieux détails à ce sujet. Valentin Pidoux, qui avait rempli les fonctions de prêtre assistant l'archevêque de Narbonne, officiant aux obsèques de Bossuet,

(1) B. N. Pièces orig. 1279. Nouveau d'Hozier, 265, et Doss. bl. 522. Arm. général, Paris, IV, 91. Arch. de Seine-et-Marne, E, 912.

chanta, le 1ᵉʳ mars 1707, la grand'messe du Saint Esprit pour
l'ouverture du Jubilé universel. Les années suivantes se
passèrent en querelles violentes entre le doyen, l'évêque
et les chanoines, querelles dont l'abbé Ledieu est un témoin
fidèle, mais pas toujours impartial. A partir de 1712, Valentin Pidoux rentre dans l'ombre, et l'abbé Ledieu ne le
nomme plus que dans le détail de quelques cérémonies. Il
mourut le 13 décembre 1738 et fut inhumé dans la cathédrale de Meaux avec une longue épitaphe que l'on voit
encore aujourd'hui. Outre ses différents titres, on lui
donne dans cette inscription sa qualité de docteur en théologie (1).

Les autres enfants d'Henry Pidoux et de Marthe le
Fort furent : Élisabeth, née le 27 août 1664, Magdeleine,
née le 27 novembre 1666, Philippe-Nicolas, escuyer, sieur
de Francheville, né le 11 septembre 1677, encore vivant
en 1733, et Jean-Baptiste Pidoux, escuyer, sieur de Montanglaust, la Fortemaison et Boistocquin, qui épousa, le
29 juin 1674, Catherine Biberon du Fort, dont le père était
gentilhomme de Mˡˡᵉ de Montpensier, souveraine de Dombes.
Il fut maintenu noble par jugement du 1ᵉʳ juin 1701 et
mourut le 25 décembre 1742. Ses enfants furent : 1° Louis-
Nicolas ; 2° Jean-Valentin Pidoux, escuyer, volontaire
au Perche-Infanterie en mai 1710, lieutenant en juillet
1719, encore vivant en 1748 ; il assista au siège de Philips-
bourg en 1733, à la bataille de Dettingen en 1743, et à
toutes les campagnes du régiment dans la guerre de la succession d'Autriche ; il est ainsi noté : « Gentilhomme, bon
officier et en état d'avoir une compagnie. »

3° Philippe Pidoux, licencié en théologie, qui succéda à

<hr>

(1) B. N. Nouveau d'Hozier, 255 ; Mémoires de Ledieu (Paris, Di-
dier, 4 vol. in-8°) ; Hanotaux, *Les Pidoux du Poitou et de l'Ile-de-France*
(Nogent-le-Rotrou, 1889, in-8°).

son oncle Valentin comme doyen du chapitre de la cathédrale de Meaux (1).

4° Claude-Henry Pidoux de Montanglaust, escuyer, sieur de Montanglaust, Francheville, la Forte-Maison, la Barre, Boistocquin et autres lieux, baptisé le 17 septembre 1695. Il épousa, le 2 juillet 1736, dans l'église collégiale de Saint-Merry, à Paris, Angélique-Nicole, fille de Jean-Baptiste de la Barre de Martigny, escuyer, chevalier de Saint-Louis, mousquetaire du Roi, et de Catherine Leclerc de Thémine, lieutenant en second au Perche-Infanterie en mai 1718; premier lieutenant en 1722, aide-major le 6 août 1740, capitaine le 20 octobre 1741, mort en 1744, il est qualifié sur les contrôles de son corps « gentilhomme, bon officier (2) ». Il laissa deux enfants : Jean-Baptiste-Claude Pidoux, mousquetaire du Roy, et Jean-Baptiste-Henry Pidoux de Montanglaust, chevalier, sieur de Montanglaust, Francheville, la Forte-Maison, la Barre, Boistocquin, Machault, la Hemerie et autres lieux, né le 24 octobre 1737, et baptisé le même jour à l'église de Rozoy en Brie, reçu le 4 septembre 1750 dans la compagnie des Mousquetaires gris, capitaine dans Bourbon-cavalerie le 18 juin 1760, nommé le 14 mars 1764 et installé le 22 mai grand bailli d'épée et gouverneur de Meaux, nommé le 7 et reçu le 30 mai 1777 chevalier de l'Ordre royal et militaire de Saint-Louis, en congé par brevet d'avril 1770, portant « qu'il a très bien servi », escuyer de S. A. S. M⁰ᵉ la Duchesse de Bourbon; il obtint par brevet, sur sa demande, pour raisons de santé, le 8 avril 1779, une pension de re-

(1) B. N. Nouveau d'Hozier, 265. Preuves pour les Écoles militaires, XXXII, 29; Pièces originales, 2279. Arch. de Seine-et-Marne, E, 912, G, 429, GG, 15. Archives du Ministère de la Guerre, à Paris.

(2) Archives du Ministère de la Guerre, et B. N. Preuves pour les Écoles militaires, XXXII, 29.

traite de 600 livres, dont il jouissait encore en 1790. Il fut le dernier grand-bailli de Meaux et siégea à l'Assemblée de la Noblesse de Champagne en 1789. Il avait épousé le 21 mai 1764 Angélique-Flore de Court (1), dont il eut deux enfants, une fille, qui fut chanoinesse, mais dont la trace nous échappe après les préparatifs de sa réception, et Charles de Pidoux de Montanglaust, né le 12 octobre 1771, baptisé le même jour à Saint-Denys de Coulommiers, admis sur preuves de noblesse aux Écoles militaires du Roi le 31 août 1781. Avec lui s'éteignit la branche de Brie-Montanglaust (2.

VI

L'établissement d'une branche de la famille Pidoux en Franche-Comté est entouré de circonstances quelque peu romanesques. Louis, l'un des fils de Jean Pidoux et de Françoise Bobé, s'éprit d'Isabel-Françoise, fille de François du Plessys, sieur de Richelieu, grand-prévôt de France, et de Suzanne de la Porte. L'élévation du cardinal de Richelieu, frère de la jeune fille, n'avait pas encore apporté une différence considérable entre les deux familles : la famille Pidoux avait même puissamment aidé de son crédit à la cour, du vivant de François Pidoux, médecin du roi Henri II, le progrès dans les honneurs de François du Plessys (3), mais des raisons qui nous sont inconnues vinrent contrarier cette union ; peut-être était-ce l'âge de la jeune fille, qui était née en 1582, tandis que son amant

(1) B. N. Nouveau d'Hozier, 265 ; Écoles militaires, XXXIII, 29. État des pensions, Paris, 1790, II. Archives du Ministère de la Guerre, à Paris ; L. de la Roque et Ed. de Barthélemy, Catalogue des Gentilshommes de Champagne qui ont siégé aux assemblées de 1789.

(2) B. N. Preuves pour les Écoles militaires, XXXIII, 29.

(3) Hanotaux, *Les Pidoux du Poitou et de l'Ile-de-France.* (loc. cit.)

n'était né qu'en 1588. J'ajouterai que, malgré mes recherches, je n'ai pu trouver cette Isabel-Françoise dans aucune
des généalogies de la famille de Richelieu, mais cela ne
saurait nous étonner ; elle est comme morte pour les siens
après 1613, de même que Louis Pidoux ; pour les actes
antérieurs, il y a peut-être eu, lorsqu'on les a étudiés, con-
fusion entre elle et sa sœur Françoise, qui devait épouser
un Wignerot. Du reste, tout doute est impossible en pré-
sence de l'acte de mariage dont, si l'original est malheu-
reusement perdu, nous avons une copie authentique
donnée le 30 novembre 1749 sous la signature de M. de
Pourcheresse d'Avanne, doyen du chapitre collégial de
N. D. de Dole, dans les registres de qui l'acte était conservé. Le voici dans son texte original qui prend soin de
nous rapporter les curieuses circonstances de cette
union (1) :

« Ego infra scriptus presbyter, BMV Dolanae canonicus et decanus, notum facio omnibus quod die secunda
junii, anno Domini 1613, venerunt ad me hora circiter
nona post missam capitulariam, in ecclesia de Dola, dd.
Ludovicus Pidoux, eques, dominus de la Maduère (sic),
pictaviensis, in medicina doctor, filius quondam dd. Joan-
nis Pidoux, dum vivebat, equitis, domini de Pierrefitte et
de Teilloux, etc. Christian. regis archiatri, nec non Pictaviensis medicinae facultatis decani, et dominae Franciscae
Bobé, ex una parte, XXV annum agens, et dd. Francisca
Isabella du Plessys, filia quondam dd. Francisci du Plessys,
dum vivebat, equitis, domini de Richelieu, Beçay et aliis
locis, ord. reg. equitis, in consilio privato consiliarii et
Franciae magni prepositi, et dominae Suzannae de Porta,
XXXI annum agens, ex altera.

(1) Archives de M. Pidoux, à Foucherans (Jura).

Quos ego, in itinere, in coponia Solis aurei Dolae insimul commorantes, voluntate clara voce expressa, invitis parentibus et absentibus, maritagii sacramento ligavi, Tt Dd. Claudio Clerc, canonico et dd. Antonio Boyvin, Capellano hujus ecclesiae, anno et die ut supra.

Signé :   C. OUTHENIN pbr. dd.

CLAUDIUS CLERC, canonicus, ANT. BOYVIN pbr.

Y. DE PLESSYS-PIDOUX, LOYS PIDOUX dm.

Et ut robur obtineat, hanc paginam, de verbo ad verbum ex foliculo libero in capituli deliberationum libro inserto, (1) tractavi, laudavi et signavi. Datum Dole, die 30 novembris anno Dñi 1749.

B. POURCHERESSE D'AVANNE decanus Dolanus. »

M. Outhenin, doyen de Dole et docteur en droit canon, put célébrer ce mariage très validement, car les époux étaient « vagantes », ayant quitté leur domicile sansesprit, de retour et n'en ayant pas encore acquis de nouveau ; de plus les ordonnances royales n'avaient point d'application en Franche-Comté qui était encore terre d'Espagne, en sorte que les seules règles pour la célébration du mariage étaient celles du Concile de Trente, et que le consentement des parents n'était point obligatoire.

Les deux fugitifs, après avoir régularisé leur situation, songèrent à se fixer dans le pays comtois où ils étaient en parfaite sécurité contre les recherches de leurs parents. Louis, qui était docteur en médecine depuis peu, pensa à vivre de la profession de médecin, mais Dole, siège de l'université, lui offrait peu de ressources à cause du trop grand nombre de ses confrères ; on voyait, d'ailleurs, d'un mauvais œil un docteur d'une université autre que celle de

---

(1) Ce « feuillet libre » a disparu du registre du Chapitre de Dole.

Rome ou une de celles des pays de S. M. Catholique ; il fallut aller plus loin ; les deux époux jetèrent les yeux sur Nozeroy, où peut-être alors y avait-il une place de médecin à prendre. Ils y vécurent honorablement et devinrent bientôt tout à fait comtois de cœur. Louis mourut le 10 novembre 1640 et sa femme le 5 juin 1648. Ils avaient eu la douleur, avant de mourir, de perdre leur fils Gabriel, licencié ès-droits, qui avait vaillamment donné sa vie sur les remparts de Nozeroy, lors de la prise de la ville par les Suédois de Bernard de Saxe-Weymar, en 1639.

Ils furent inhumés dans l'église collégiale de Saint-Antoine de Nozeroy, dans la grande nef, près de leur fils bien-aimé. Ces deux tombes, ornées de leurs armoiries et de belles épitaphes, se voient encore, presque complètement effacées ; heureusement les inscriptions en sont conservées par des copies authentiques du XVIIIe siècle : Loys Pidoux y prend le titre de noble homme, escuyer, docteur de la vénérable université de Poitiers ; sa femme y est qualifiée damoiselle. L'épitaphe termine par un souvenir de leurs romanesques amours, par ces mots de saint Augustin : « Seigneur, recevez-la dans votre paix éternelle avec l'époux qu'elle a tant aimé. » L'épitaphe de Gabriel Pidoux relate sa mort, « pro patria » et le déclare « nobilissimis ortus parentibus (1) ».

Deux enfants leur survécurent : une fille, Élisabeth, qui entra dans la congrégation de Sainte-Ursule, fondée peu avant à Dole par mère Anne de Xainctonge, et un fils, Antoine Pidoux, dont le contrat de mariage fut passé le 4 mars 1632 devant Jean Billot, notaire à Nozeroy, avec Barbe Cousin. Cette dame, petite-fille de Hugues Cousin le jeune, était petite-nièce du fameux Gilbert Cousin, cha-

(1) Archives de M. Pidoux, à Foucherans.

noine de Nozeroy, le plus grand humaniste et historien qu'ait fourni la Franche-Comté au XVIe siècle, ami d'Érasme (1).

De ce mariage naquirent six enfants, dont trois donnés à l'Église : Philibert fut prêtre séculier et docteur en théologie, Jérôme entra chez les Dominicains, et Jeanne chez les Clarisses. Mathieu et Balthazar firent souche ; le dernier passa en Suisse, où sa postérité s'établit dans les cantons de Vaud et de Fribourg ; elle était encore représentée au début de ce siècle. Dans ce rameau il faut citer Joseph Pidoux, né à Combremont le Grand, diocèse de Fribourg, le 25 mai 1760, engagé volontaire en 1792, sergent le 26 octobre 1792, sous-lieutenant le 13 septembre 1793, lieutenant le 14 frimaire an II, capitaine à la 45e demi-brigade le 20 brumaire an XII, qui fit les campagnes d'Allemagne, du Rhin, d'Angleterre, du Danube, fut blessé d'un coup de feu à la main gauche à la Montagne Sainte-Anne, près Landau, en 1793 ; ses notes portent « très instruit, attaché à ses devoirs ». Il fut tué à la bataille de Smolensk le 16 août 1812. Son frère, entré au service en l'an VII, dans la compagnie des Garde-Côtes, fut sous-lieutenant au 46e de ligne en 1807, fit les campagnes d'Italie, d'Allemagne, d'Autriche et de Pologne, fut blessé à Essling et mourut huit jours après à l'ambulance d'Ebersdorff, avec le grade de lieutenant (2). Ce rameau s'est éteint dans la famille Porcelet, d'Estavayer.

Mathieu mourut avant 1701. Sa postérité subsiste encore aujourd'hui à Mièges, où elle est représentée par MM. Élie et Jules Pidoux, par M. Henry Pidoux et ses enfants, par Madame veuve Alphonse Pidoux et ses trois fils, et par Mesdemoiselles Marie, Cécile et Noémie Pidoux.

(1) Archives de M. Pidoux, à Foucherans.
(2) Archives du Ministère de la Guerre, à Paris.

Dans cette branche, il faut signaler Pierre-Joseph Pidoux, mort le 20 octobre 1811, qui fut, le 28 prairial an II, arrêté comme suspect et accapareur de blé, emprisonné et traduit devant le tribunal criminel du Jura séant à Dole (1), et Claude-Simon Pidoux, prêtre familier de l'église de Mièges, qui fut condamné par sentence de l'officialité de Besançon, du 29 mai 1738, à faire amende honorable au doyen du chapitre de Nozeroy qu'il avait accusé de simonie (2), et fut Séchal de la familiarité en l'an 1730 (3).

L'aîné des enfants d'Antoine Pidoux et de Barbe Cousin, Pierre, épousa le 2 août 1660 damoiselle Marie-Sordet, fille de noble Pierre Sordet, d'une vieille famille de robe Franc-Comtoise, anoblie en 1611 en la personne de Pierre Sordet, cousin du nôtre, dont la fille Charlotte épousa Claude Garnier, sieur de Falletans et de Choisey, vice-président du parlement de Dole, et qui s'éteignit dans les familles Barberot d'Autet et Lebœuf de Valdahon.

Trois enfants, Jean-Séraphin, Gaspard et Gabriel laissèrent une postérité de peu de durée ; Claude-Gaspard entra chez les Cordeliers de Nozeroy et mourut le 12 juin 1756 (4). Églantine fut religieuse aux Annonciades célestes de Dole, Sylvie entra chez les Clarisses, et Gilbert continua la famille en épousant, le 23 avril 1724, Céline du Tronchet, fille d'Abraham du Tronchet, conseiller de la ville de Nozeroy ; dans son contrat de mariage, Gilbert se qualifie escuyer, licencié ès droits. Sa femme était fille de l'oncle et tuteur du vénérable Père J.-B. de Bourgogne (François du Tronchet), capucin, mort en odeur de sainteté

(1) Archives de MM. Pidoux, à Mièges.
(2) Archives du Doubs, G. 565.
(3) Archives du Jura, G. Eglise de Mièges.
(4) Reg. par. de Nozeroy.

à Naples en 1726, et déclaré vénérable le 29 avril 1800, — avec qui elle avait été élevée.

Cinq enfants naquirent de cette union : Céline-Marie, Augustin qui fut religieux carme, Claude-François et Edme, morts sans postérité, et Jean-Pierre Pidoux, escuyer, bourgeois de la ville de Saint-Claude, qui continua la branche aînée de la famille et s'établit à Orgelet, où il épousa Anne-Claude Louvrier : il en eut dix-sept enfants et mourut en 1786.

Parmi ces enfants, mentionnons Gaspard-Hyacinthe Pidoux, né le 10 septembre 1752, cornette de cavalerie, créé en émigration chevalier de l'Ordre royal et militaire de Saint-Louis, mort à l'armée de Condé, officier dans la légion de Mirabeau ; Gaspard-François, prêtre, docteur en théologie ; il refusa le serment schismatique, se retira dans Lyon soulevé, où il servit d'émissaire au Comte d'Artois, fut arrêté pendant sa messe le jour de la prise de la ville, et fusillé sur le portail de l'église Saint-Nizier, avec sa sœur Thérèse, religieuse clarisse ; Théoduline, religieuse de la Visitation ; Isabel, Annonciade céleste ; Céline-Marie, ursuline à Dole ; Joseph, prêtre, capucin, émigré, mort curé de Châtillon en Dauphiné, après la révolution ; et enfin deux fils qui laissèrent postérité : 1° Guillaume Pidoux, principal du collège royal de Saint-Claude, dont le fils, César, fut principal de celui de Lons-le-Saulnier, se distingua par son zèle à susciter parmi ses élèves des vocations sacerdotales et par son soin des pauvres ; il créa la Société de Saint-Vincent de Paul de Lons-le-Saulnier et mourut le 21 juillet 1847, laissant de Marie-Thérèse-Victoire Camuset sept enfants, parmi lesquels Alphée, né en 1803, curé d'Ivory, puis, en 1833, doyen de Voiteur, et enfin, en 1846, chanoine titulaire de la cathédrale de Saint-Claude, prêtre de la plus grande piété et de la plus zélée charité, mort au mois d'octobre 1879, et Victor Pidoux, avocat, docteur en droit, qui fut, en 1849, député du Doubs, siégea à droite et fut un fidèle partisan de Monsieur le Comte de Chambord; arrêté au coup d'état et bientôt remis en liberté, il continua à combattre ardemment pour ses opinions dans le Doubs et dans le département des Landes, mais il ne put plus réunir la majorité des suffrages. Né en 1808, il mourut en 1890. Avec lui s'éteignit ce rameau de la branche de Franche-Comté: il ne laissait qu'une fille, madame Bathilde Pidoux, qui épousa M. Joseph, baron d'Encausse de Labatut. Gabriel, né en 1755, mort en 1818, qualifié citoyen d'Orgelet, continua la famille; il épousa, en 1784, Pierrine Vernier; parmi ses dix-sept enfants, mentionnons:

1° Louis-Gaspard Pidoux, né le 25 août 1788, mort en 1869; notaire royal, certificateur à Orgelet et adjoint au maire de cette ville, il fut un agent royaliste actif dans toute cette région pendant la première Restauration et les Cent Jours. Maire d'Orgelet en 1816, il fut révoqué en 1830. Licencié en droit et ancien avocat, il fut nommé en 1850 juge de paix de la ville de Brest; il y acquit une grande influence et fonda par ses soins et son zèle l'asile agricole de Poular-Bachet et la crèche de Brest; chevalier du Lys dès 1814, il reçut la Légion d'honneur en 1857. Il avait épousé Mlle Plaisant du Château, fille d'un ancien conseiller au parlement de Douai, et laissa deux fils et trois filles. Sa postérité est encore représentée par Mme Constance Pidoux, veuve de M. Armand Vuillemenot, autrefois maire d'Orgelet et conseiller général du Jura, et Mlle Félicie Pidoux, Supérieure de l'orphelinat de Lons-le-Saulnier.

2° Claude-François-Hermann Pidoux, né en 1808, mort le 2 août 1882; obligé d'abandonner la Garde Royale, où il était sergent, pour raisons de santé, il étudia la médecine;

docteur en février 1835, il se fit rapidement un nom, devint successivement médecin de l'hôpital Lariboisière et de la Charité, membre de l'Académie de médecine (1834), médecin inspecteur des Eaux-Bonnes. Chevalier de la Légion d'honneur, dès 1849, pour son dévouement durant le choléra, il fut fait officier en 1860 et commandeur le 5 août 1880 ; il était en outre associé à l'Académie royale de Belgique et décoré de divers Ordres étrangers. Il publia une foule d'ouvrages, parmi lesquels il faut citer surtout son traité de thérapeutique et de matière médicale, fait en collaboration avec Trousseau, qui eut dix éditions et fut traduit en diverses langues. Il laissa d'Euphrasie Rebours quatre enfants, un fils mort jeune, et trois filles, mariées à des médecins bien connus dans le monde savant, MM. Frédéric Rommelaëre, Constantin Paul et Guillaume Rommelaëre.

3° Augustin-François-Albin Pidoux, né en 1803, mort le 1ᵉʳ juillet 1871, percepteur royal à Morez en 1825, puis à Dole, chevalier de l'Ordre royal du Lys, qui laissa onze enfants, parmi lesquels deux filles, M. l'abbé Paul Pidoux, premier vicaire de Notre-Dame d'Auteuil à Paris, M. Armand Pidoux, et M. Pierre Pidoux, vice-président du conseil général du Jura, président de la chambre de commerce du Jura et du tribunal de commerce de Dole, administrateur du comptoir d'escompte de Dole, mort en 1898 laissant un fils unique, M. André Pidoux, licencié en droit, ancien élève de l'École des Chartes.

La famille Pidoux porte : *d'argent à trois frettes losangées de sable, deux et une*, avec la devise : *Cœlum aspicio, terrena despicio* (1). La branche aînée, celle de la Rochefaton, portait le champ d'or ; Mervache prétend même que, primitivement, au lieu de frettes il y avait des pieds de moutons (2).

(1) On la voit dans l'épitaphe de G. Pidoux en l'église de Nozeroy.
(2) B. N. ms. fr. 32 496, p. 155.

La branche établie en Suisse a modifié ce blason et porte : *d'azur à deux flèches en sautoir, au cœur brochant, accompagnées en chef de deux étoiles et en pointe d'un croissant, le tout d'argent* (1).

Il convient, à ce propos, de dire un mot des blasons fantaisistes assignés à des membres de la famille Pidoux par divers recueils du XVIIe siècle, notamment l'Armorial général de d'Hozier. Ainsi Palliot (2) et Blanchard (3) donnent : *de sable à trois macles d'or posés en pairle.* Des notes manuscrites du même temps (4) portent : *d'argent à 3 chevrons de gueules accompagnés en pointe d'une rose d'azur*, ou *d'argent à trois aigles de sable ;* ces deux écus sont attribués à la branche de Malaguet. D'Hozier, pour plusieurs Pidoux, donne l'écusson exact ; pour d'autres, de la branche de Malaguet ou de celle de Moisnerie, il donne : *de gueules à la bande d'argent chargée de 5 merlettes de sable, ou de gueules au pied d'ours d'argent.* (5)

Enfin l'Armorial de Châtellerault, publié par M. Carré de Busserolle, donne, pour la branche de Malaguet, *d'argent au pal de gueules accosté de deux pies affrontées de sable.*

(1) Rietstap, *Armorial général,* et de Mandrot, *Armorial du pays de Vaud,* Lausanne, 1880.
(2) *Vraie et parfaite science des armoiries.*
(3) *Les Présidents au mortier du parlement de Paris,* 1647.
(4) B. N. Pièces Originales, 2279.
(5) B. N. mss., Poitou, pages 1450 et 1550.

Vannes. — Imprimerie LAFOLYE, 2, place des Lices.

9 782012 924642